8.5 x 12

8.5 x 11

8 x 10

6 x 8

8.5 x 12

8.5 x 11

8 x 10

8.5 x 12

8.5 x 11

8 x 10

6 x 8

5 x 7

8.5 x 12

8.5 x 11

8 x 10

8.5 x 12

8.5 x 11

8 x 10

6 x 8

5 x 7

8.5 x 12

8.5 x 11

8 x 10

8.5 x 12

8.5 x 11

8 x 10

6 x 8

5 x 7

8.5 x 12

8.5 x 11

8 x 10

FOLLOW YOUR DREAMS

8.5 x 12

8.5 x 11

8 x 10

6 x 8

8.5 x 12

8.5 x 11

8 x 10

6 x 8

5 x 7

8.5 x 12

8.5 x 11

8 x 10

8.5 x 12

8.5 x 11

8 x 10

6 x 8

5 x 7

I AM A
LIMITED
EDITION

8.5 x 12

8.5 x 11

8 x 10

sweet dreams

8.5 x 12

8.5 x 11

8 x 10

6 x 8

5 x 7

8.5 x 12

8.5 x 11

8 x 10

6 x 8

8.5 x 12

8.5 x 11

8 x 10

6 x 8

5 x 7

MAKE
A
WISH

8.5 x 12

8.5 x 11

8 x 10

8.5 x 11

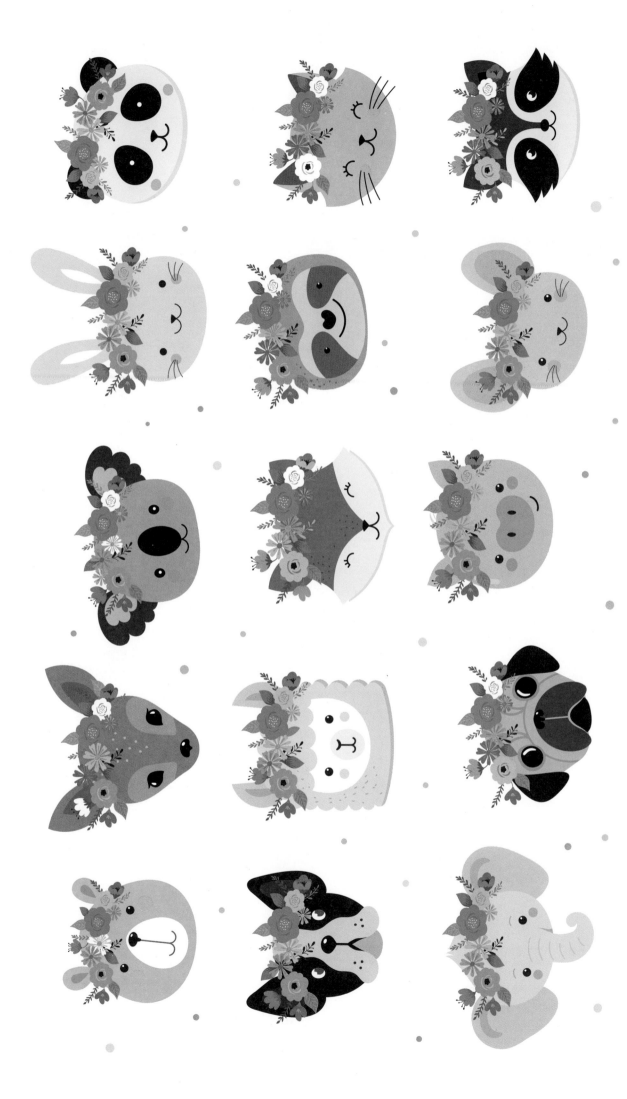

8.5 x 12

8.5 x 11

8 x 10

6 x 8

awesome

beautiful day

BE
A UNICORN
in a field

HORSES

beautiful

DAY

8.5 x 12

8.5 x 11

8 x 10

6 x 8

8.5 x 12

8.5 x 11

8 x 10

6 x 8